U0580666

新时代的中国青年

（2022 年 4 月）

中华人民共和国
国务院新闻办公室

人民出版社

责任编辑：刘敬文

图书在版编目（CIP）数据

新时代的中国青年/中华人民共和国国务院新闻办公室 著.—北京：人民出版社，2022.4
ISBN 978－7－01－024699－4

Ⅰ.①新…　Ⅱ.①中…　Ⅲ.①青年-白皮书-中国　Ⅳ.①D669.5

中国版本图书馆 CIP 数据核字（2022）第 057971 号

新时代的中国青年
XINSHIDAI DE ZHONGGUO QINGNIAN

（2022 年 4 月）

中华人民共和国国务院新闻办公室

人民出版社 出版发行
（100706　北京市东城区隆福寺街 99 号）

中煤（北京）印务有限公司印刷　新华书店经销

2022 年 4 月第 1 版　2022 年 4 月北京第 1 次印刷
开本：787 毫米×1092 毫米 1/16　印张：3
字数：24 千字

ISBN 978－7－01－024699－4　定价：15.00 元

邮购地址 100706　北京市东城区隆福寺街 99 号
人民东方图书销售中心　电话（010）65250042　65289539

目　　录

前　言

　　青年是整个社会力量中最积极、最有生气的力量,国家的希望在青年,民族的未来在青年。中国青年始终是实现中华民族伟大复兴的先锋力量。

　　近代以后,中国逐步沦为半殖民地半封建社会,国家蒙辱、人民蒙难、文明蒙尘,中华民族遭受了前所未有的劫难,中国青年深切感受到日益深重的民族危机。

　　中国青年的觉醒,点燃了中华民族伟大复兴的希望之光。五四运动前后,一大批率先接受新思想、新文化、新知识的有志青年在反复比较中选择了马克思列宁主义,促进中国人民和中华民族实现了自鸦片战争以来的第一次全面觉醒。1921 年 7 月,平均年龄仅 28 岁的 13 位代表参加中国共产党第一次全国代表大会,宣告了中国共产党诞生这一开天辟地的大事变,吹响了全民族觉醒和奋起的号角,开启了民族复兴的新纪元。在中国共产党的领导下,中国共产主义青年团于 1922 年成立,中国青年运动翻开了新的历史篇章。

回首百年，无论风云变幻、沧海桑田，中国青年爱党、爱国、爱人民的赤诚追求始终未改，坚定不移听党话、跟党走的忠贞初心始终未变。在新民主主义革命时期，中国青年不怕牺牲、敢于斗争，经受了生与死的考验，为争取民族独立、人民解放冲锋陷阵、抛洒热血。在社会主义革命和建设时期，中国青年勇于拼搏、甘于奉献，经受了苦与乐的考验，在新中国的广阔天地忘我劳动、发愤图强。在改革开放和社会主义现代化建设新时期，中国青年开拓创新、勇立潮头，经受了得与失的考验，为推动中国大踏步赶上时代锐意改革、拼搏奋进。

党的十八大以来，中国特色社会主义进入新时代。以习近平同志为核心的党中央高度重视青年、热情关怀青年、充分信任青年，鲜明提出党管青年原则，大力倡导青年优先发展理念，着力发挥共青团作为党的助手和后备军作用，推动青年发展事业实现全方位进步、取得历史性成就。在这个伟大的新时代，中国青年展现了亮丽的青春风采、迸发出豪迈的青春激情。

新时代中国青年刚健自信、胸怀天下、担当有为，衷心拥护党的领导，奋力走在时代前列，展现出前所未有的昂扬风貌:追求远大理想,心中铭刻着对马克思主义的崇高信仰、对共产主义和中国特色社会主义的坚定信念;深植家国情怀,与国家同呼吸、与人民共命运,时刻彰显着鲜明的爱国主义精神气质;传承奋斗担当,先天下之忧而忧、后天下之乐而乐,勇做走在时代前列的奋进者、开拓者、奉献者。

历史清晰而深刻地昭示,没有中国共产党就没有朝气蓬勃的中国青年运动,矢志不渝跟党走是中国青年百年奋斗的最宝贵经验,深深融入血脉的红色基因是中国青年百年奋斗的最宝贵财富。

2021年7月1日,习近平总书记在庆祝中国共产党成立100周年大会上深情寄语:"新时代的中国青年要以实现中华民族伟大复兴为己任,增强做中国人的志气、骨气、底气,不负时代,不负韶华,不负党和人民的殷切期望!"

展望未来,民族复兴大业已经站在新的历史起点、踏上新的伟大征程。新时代中国青年迎来了实现抱负、施展才华的难得机遇,更肩负着建设社会主义现代化强国、实现中华民族伟大复兴中国梦的时代重任。

中国梦是历史的、现实的,也是未来的;是广大人民的,更是青年一代的。新时代中国青年必将以永不懈怠的精神状态、永不停滞的前进姿态,在接续奋斗中将中华民族伟大复兴的中国梦变为现实。

为充分展示新时代中国青年的风貌和担当,值此中国共产主义青年团成立 100 周年之际,特发布本白皮书。

一、新时代中国青年生逢盛世、共享机遇

时代造就青年,盛世成就青年。新时代的中国繁荣发展、充满希望,中华民族迎来了从站起来、富起来到强起来的伟大飞跃,实现中华民族伟大复兴进入了不可逆转的历史进程。新时代中国青年生逢中华民族发展的最好时期,拥有更优越的发展环境、更广阔的成长空间,面临着建功立业的难得人生际遇。

(一)拥有更高质量的发展条件

随着中国的经济实力、科技实力、综合国力不断迈上新台阶、取得新跨越,新时代中国青年的发展基础日益厚实,发展底气越来越足。

物质发展环境更为优越。青年高质量发展,物质丰裕是基础。中国创造了世所罕见的经济快速发展和社会长期稳定"两大奇迹",2021年国内生产总值超过110万

亿元、稳居世界第二。超过 2500 万贫困青年彻底摆脱贫困,中国青年共同迈向更高水平的小康生活。中国青年向往更有品质的美好生活,消费方式从大众化迈向个性化,消费需求从满足生存转向享受生活,从有衣穿到穿得时尚、穿出个性,从吃饱饭到吃得丰富、吃出健康,从能出行到快捷通畅、平稳舒适。中国青年的生活水平实现了质的跃升,高质量发展有了更加丰盈、更为坚实的物质基础。

精神成长空间更为富足。青年高质量发展,离不开精神生活的多姿多彩。受益于图书馆、博物馆、文化馆、美术馆等惠及青年的公共文化设施的不断完善①,中国青年享受的公共文化服务水平显著提高,逐渐从"去哪儿都新鲜"转变为"去哪儿都习以为常",精神品位不断提升。随着图书、电视、电影、文艺演出等传统文化产业和数字创意、网络视听、数字出版、数字娱乐、线上演播等新兴文化产业迅猛发展,青年所需所盼的公共文化产品日渐丰富,逐渐从"有什么看什么"转变为"想看什么有什么",文化视野更加开阔。文化旅游、乡村旅游、红色旅游、国际旅游等各类旅游

---

① 截至 2020 年底,全国备案博物馆共 5788 家,"十三五"期间平均每 2 天就新增 1 家。

产品应有尽有,青年走出去看世界的需求得到更好满足,逐渐从"只在家门口转转"转变为"哪里都能去逛逛",见识阅历更加广博。不断扩展的精神文化生活空间,为中国青年追求更有高度、更有境界、更有品位的人生提供了更多可能。

在与互联网的相互塑造中成长。互联网深刻塑造了青年,青年也深刻影响了互联网。2020 年底,中国 6 岁至 18 岁未成年人网民达 1.8 亿,未成年人互联网普及率达 94.9%,城乡普及率差距从 2018 年的 5.4 个百分点缩小至 0.3 个百分点,互联网已经成为当代青少年不可或缺的生活方式、成长空间、"第六感官"。随着互联网的快速普及,越来越多的青年便捷地获取信息、交流思想、交友互动、购物消费,青年的学习、生活和工作方式发生深刻改变。在网络视频(短视频)、网络直播、网约车用户中,青年都是主体。中国青年日益成为网络空间主要的信息生产者、服务消费者、技术推动者,深刻影响了互联网发展潮流。面对纷繁复杂的网络信息,中国青年在网上积极弘扬正能量、展示新风尚,共同营造清朗网络空间。

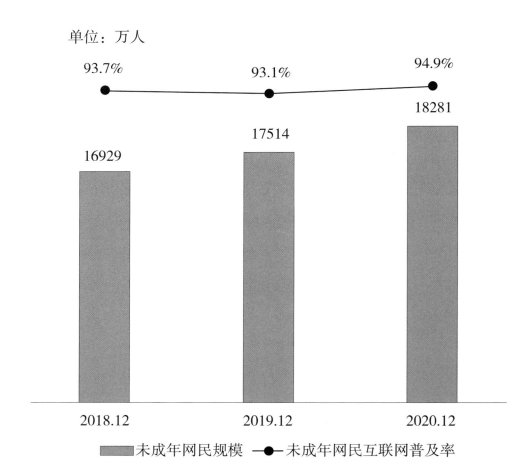

单位：万人

93.7%　　　　　93.1%　　　　　94.9%

16929　　　　17514　　　　18281

2018.12　　　　2019.12　　　　2020.12

■ 未成年网民规模 ──●── 未成年网民互联网普及率

图 1　2018 年至 2020 年中国未成年人网民规模及普及率

（二）获得更多人生出彩机会

国家好，青年才会好。随着经济社会快速发展，新时代中国青年获得了更优越的发展机遇，实现人生出彩的舞台越来越宽阔。

教育机会更加均等。中国教育事业优先发展不断深化，中国青年享有更加平等、更高质量的教育机会。2021

年,中国义务教育巩固率达95.4%;高中阶段毛入学率达91.4%;高等教育毛入学率达57.8%、在学总规模达4430万人,居世界第一,越来越多的青年打开了通往成功成才大门的重要路径。覆盖学前教育至研究生教育的学生资助政策体系建成且日趋完善,2020年资助资金总额超过2400亿元、资助学生近1.5亿人次,实现"三个全覆盖"①。义务教育阶段进城务工人员随迁子女、农村和贫困地区学生等群体受教育权益得到充分保障。2020年,85.8%的进城务工人员随迁子女在公办学校就读或享受政府购买学位服务;2012年至2021年,农村和贫困地区重点高校专项招生计划定向招生超过82万人,让更多的青年公平享有接受更好教育的机会,阻断贫困的代际传递。

职业选择丰富多元。中国青年职业选择日益市场化、多元化、自主化,不再只青睐传统意义上的"铁饭碗",非公有制经济组织和新社会组织逐渐成为青年就业的主要渠道。"非工即农"的就业选择一去不返,第三产业成为吸纳青年就业的重要领域。2020年,第三产业就业占比47.7%,比十年前增长13.1个百分点。特别是近年来快速

---

① 即学前教育、义务教育、高中阶段教育、本专科教育和研究生教育所有学段全覆盖,公办民办学校全覆盖,家庭经济困难学生全覆盖。

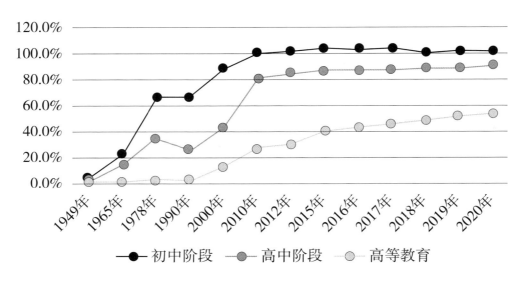

图 2　1949 年至 2020 年中国初中阶段、高中阶段、高等教育毛入学率

兴起的新产业、新业态,催生了电竞选手、网络主播、网络作家等大量新职业,集聚了快递小哥、外卖骑手等大量灵活就业青年,涌现了拥有多重身份和职业、多种工作和生活方式的"斜杠青年",充分体现了时代赋予青年的更多机遇、更多选择。

　　发展流动畅通自由。随着社会主义市场经济体制不断完善,市场主体活力持续提升,各类要素流动日益频繁,青年的发展渠道更加畅通、流动更加自由。在区域协调发展战略深入实施大背景下,中国青年逐渐由单向的"孔雀东南飞"转变为多向的"自由随心飞",在自己喜欢的城市寻找发展机会,在适合自己的地区拓展成长舞台。一批又一批农村青年走进城市,挥洒汗水、奋力拼搏,安家落户、实现梦想。2020 年,外出农民工总数近 1.7 亿,其中多数为青年;青年常住人口城镇化率达 71.1%、比十年前增加 15.3 个百分点、高于整体常住人口城镇化率 7.2 个百分点,更多青年通过城乡之间的发展流动更好融入城市生活、实现发展跃迁。

(三)享受更全面的保障支持

青年的发展离不开国家的坚实保障。在社会公平正义不断彰显、人民发展权益得到有效维护的大背景下,新时代中国青年成长成才有了更良好的法治环境、更有力的政策支持、更可靠的社会保障、更温暖的组织关怀。

法治保障不断完善。随着全面依法治国深入推进,中国特色社会主义法治体系日益完善,为青年发展提供了坚实的保障。作为国家根本大法,宪法明确规定"国家培养青年、少年、儿童在品德、智力、体质等方面全面发展",为建立青年法治保障体系提供了根本遵循。青年发展涉及面广、系统性强,需要各个领域齐抓共管、共同发力。民法典赋予了青年各类民事权益,教育法、义务教育法、职业教育法、高等教育法、民办教育促进法、家庭教育促进法等全面构筑了保障青年受教育权的完备法治环境,就业促进法、劳动法、劳动合同法、社会保险法、科学技术进步法、人口与计划生育法、体育法、妇女权益保障法等充分保障了青年各领域发展权益,刑法、未成年人保护法、预防未成年人犯罪法、反家庭暴力法等共同构建了保护青少年合法权益的法律屏障。

政策保障日益完备。针对中国青年多元化发展需求,国家强化政策服务导向,健全完善政策体系。国民经济和社会发展"十三五"和"十四五"规划鲜明体现青年元素,科教兴国、人才强国、创新驱动发展、乡村振兴、健康中国等国家重大战略充分关注青年群体,青年发展得到越来越多的顶层设计支持。2017 年 4 月,中共中央、国务院制定出台新中国历史上第一个国家级青年领域专项规划——《中长期青年发展规划(2016—2025 年)》,为新时代中国青年发展提供根本政策指引。针对青年在毕业求职、创新创业、社会融入、婚恋交友、老人赡养、子女教育等方面的操心事、烦心事,党和政府高度重视,各项政策举措持续出台,青年发展型城市建设蓬勃开展,青年优先发展理念日益深入人心。目前,从中央到地方的青年工作机制基本建成,具有中国特色的青年发展政策体系初步形成。青年充分享受政策红利,实实在在感受到关爱就在身边、关怀就在眼前。

	总体目标
中长期青年发展规划 （2016—2025 年） 人 民 出 版 社	到 2020 年,具有中国特色的青年发展政策体系和工作机制初步形成,广大青年思想政治素养和全面发展水平进一步提升,在决胜全面建成小康社会伟大实践中的生力军和突击队作用得到充分发挥。 　　到 2025 年,具有中国特色的青年发展政策体系和工作机制更加完善,广大青年思想政治素养和全面发展水平明显提升,不断成长为志存高远、德才并重、情理兼修、勇于开拓,堪当实现中华民族伟大复兴中国梦历史重任的有生力量。
发展领域	**重点项目**
青年思想道德 青年教育 青年健康 青年婚恋 青年就业创业 青年文化 青年社会融入与社会参与 维护青少年合法权益 预防青少年违法犯罪 青年社会保障	青年马克思主义者培养工程 青年社会主义核心价值观培养工程 青年体质健康提升工程 青年就业见习计划 青年文化精品工程 青年网络文明发展工程 中国青年志愿者行动 青年民族团结进步促进工程 港澳台青少年交流工程 青少年事务社会工作专业人才队伍建设工程

　　社会保障更加健全。中国建成世界上规模最大的社会

保障体系,普惠型社会保障服务进一步发展。中国青年不仅能在步入社会之初就享受到社会保障的"遮风挡雨",也能在拼搏奋斗时免除各种"后顾之忧",生活得更舒心、工作得更安心、对未来更放心。政府出台一系列支持多渠道灵活就业的政策,逐步完善灵活就业社会保障,支持青年从事灵活就业。青年住房保障力度不断增强,更多大城市面向新市民、青年人加大保障性租赁住房供给,缓解青年住房难题。基本养老保险实现全国统筹,失业保险、工伤保险持续向青年职业劳动者扩大覆盖,青年社会保障水平不断迈上新台阶。

组织保障坚强有力。组织是青年成长的大熔炉,是青年发展的倍增器。作为中国共产党领导的先进青年的群团组织,中国共产主义青年团始终把维护青年发展权益放在重要位置,着力推动落实青年优先发展理念,充分发挥组织优势,大力调动社会资源,聚焦青年"急难愁盼"突出问题开展政策倡导,千方百计为青年解决具体困难,为广大青年成长发展创造良好环境。作为中国共产党领导下的基本的人民团体之一,中华全国青年联合会始终坚持代表和维护各族各界青年的合法权益,引导青年积极健康地参与社会生活,努力为青年健康成长、奋发成才服务。作为中国共产党领导下的中国高等学校学生会、研究生会和中等学校学生会的联合组织，中华全国学生联合会依法依章程表达和维护青年学生的具体利益，通过开展健康有益、丰富多彩的课外活动和社会服务，努力为青年学生成长发展服务。

专栏 2　希望工程

希望工程由共青团中央发起、中国青少年发展基金会实施，是以改善贫困地区基础教育设施、救助贫困地区失学少年重返校园为使命的社会公益事业。截至 2021 年底，全国希望工程累计接受捐款 194.2 亿元，资助家庭经济困难学生 662.6 万人，援建希望小学 20878 所。

近年来，希望工程秉承助学育人传统，推出助学兴教、健康守护、素质提升、紧急救助、铸魂育人"五大计划"，探索实施"希望厨房"、红色研学营等公益项目，有力推动贫困地区教育事业发展、服务贫困家庭青少年成长。

2019 年是希望工程实施 30 周年。习近平总书记寄语希望工程，高度评价希望工程在助力脱贫攻坚、促进教育发展、服务青少年成长、引领社会风尚等方面发挥的重要作用，强调把希望工程这项事业办得更好，努力为青少年提供新助力、播种新希望，让广大青少年充分感受到党的关怀和社会主义大家庭的温暖。

二、新时代中国青年素质过硬、全面发展

奋斗锤炼本领，磨砺增长才干。新时代中国青年积极主动学理论、学文化、学科学、学技能，思想素养、身体素质、精神品格、综合能力不断提升，努力成长为堪当民族复兴重任的时代新人。

（一）理想信念更为坚定

理想指引人生方向，信念决定事业成败。新时代中国青年把树立正确的理想、坚定的信念作为立身之本，努力成长为党、国家和人民所期盼的有志青年。

坚信中国道路。中国青年通过历史对比、国际比较、社会观察、亲身实践，深刻领悟党的领导、领袖领航、制度优势、人民力量的关键作用。2020 年有关调查显示，绝大多数青年对中国特色社会主义道路由衷认同，对实现中华民族伟大复兴充满信心。用习近平新时代中国特色社会主义思想武装起来的中国青年，在展现国家发展成就的一系列

生动事例、客观数字、亲身体验中，深切感受到"中国速度"、"中国奇迹"、"中国之治"，做中国人的志气、骨气、底气进一步增强，为实现中华民族伟大复兴中国梦团结奋斗的思想基础更加牢固。

专栏3　青年马克思主义者培养工程

2007年启动的青年马克思主义者培养工程，旨在为党培养信仰坚定、能力突出、素质优良、作风过硬的青年政治骨干。2013年纳入中央马克思主义理论研究和建设工程。2017年列入《中长期青年发展规划（2016—2025年）》十大重点项目。2020年，共青团中央联合教育部、民政部、农业农村部、国务院国资委联合印发《关于深入实施青年马克思主义者培养工程的意见》。

目前，青年马克思主义者培养工程逐步构建起涵盖全国省（区、市）、市（地、州、盟）、县（市、区、旗）和高校、国有企业、农村、社会组织、少先队工作者各领域的工作体系，以理论学习、红色教育、实践锻炼为主要培养内容，在青年中着力培养造就一大批用马克思主义中国化最新成果武装的马克思主义者，引导青年成长为社会主义的合格建设者和可靠接班人。

高校班：突出对大学生骨干的政治训练和思想引领。

国企班：强化对国有企业青年骨干的政治锻造。

农村班：聚焦乡村振兴战略，培养更多"懂农业、爱农村、爱农民"的有志青年成长为乡村治理骨干力量。

社会组织班：突出对青年社会组织骨干的政治引领和价值引领。

少先队工作者班：切实增强少先队辅导员队伍政治素养。

截至2021年底，青年马克思主义者培养工程累计培养近300万人。

坚守价值追求。青年的价值取向决定了未来整个社会的价值取向。中国青年主动"扣好人生第一粒扣子",从英雄模范和时代楷模中感受道德风范,积极倡导富强、民主、文明、和谐,倡导自由、平等、公正、法治,倡导爱国、敬业、诚信、友善,成为社会主义核心价值观的实践者、推广者。一大批青年优秀人物成为全社会学习的榜样,1500余名中国青年五四奖章获奖者引社会风气之先,各级"优秀共青团员"发挥先锋模范作用,2万余名"向上向善好青年"展现青春正能量。面对社会思潮的交流交融交锋,中国青年有困惑、有迷惘,但有一条主线始终未变,就是对党和国家的赤诚热爱、对崇高价值理念的不懈追求。

坚定文化自信。文化是一个民族的精神和灵魂,高度的文化自信是实现民族复兴的重要基础。中国青年不断从中华优秀传统文化、革命文化、社会主义先进文化中汲取养分,特别注重从源远流长的中华文明中获取力量。2020年有关调查显示,超八成受访青年认为"青少年国学热"的原因是"国人开始重视传统文化的内在价值"。从热衷"洋品牌"到"国潮"火爆盛行,从青睐"喇叭裤"到"国服"引领风尚,从追捧"霹雳舞"到"只此青绿"红遍全国,中国青年对中华民族灿烂的文明发自内心地崇拜、从精神深处认同,传承中华文化基因更加自觉,民族自豪感显著增强,推动全社会形成浓厚的文化自信氛围。

(二)身心素质向好向强

少年强、青年强则中国强,强健的体魄、阳光的心态是青年成长成才的重要前提。新时代中国青年素质过硬,首先就体现在身心素质更好更强,能够经得起风雨、受得住磨砺、扛得住摔打。

身体素质持续提升。在校园里,随着体育课时持续增加,更多青年学生既在课堂内"文明其精神",也在操场上"野蛮其体魄"。超过 3700 万名农村义务教育学生受惠于政府开展的学生营养改善计划,身体素质得到明显提升。2018 年,14 岁至 19 岁青年学生体质达标测试合格率达91.9%,优良率持续上升。在社区中,青年积极参加各种群众性体育运动,跑步、游泳、各项球类运动成为年轻人的运动时尚,体育健身场馆"人头攒动"。北京冬奥会激发了中国青年的冰雪运动热情,18 岁至 30 岁青年成为参与冰雪运动的主力军,参与率达 37.3%,为各年龄段最高。在竞技场上,奥运会、亚运会等国际赛事中始终活跃着中国青年争金夺银的身影,青年健儿大力弘扬中华体育精神和女排精神,向全世界诠释了"更快、更高、更强——更团结"的奥林匹克新格言,展示了中国青年强健有力的民族精神。中国青年关注体育、参与体育、享受体育,成为体育强国建设的积极开拓力量。

专栏4 农村义务教育学生营养改善计划

　　2011年,中国实施农村义务教育学生营养改善计划。中央财政按照每生每天3元的标准(2021年秋季学期起提高至5元)为农村义务教育阶段学生提供营养膳食补助。截至2020年底,28个省份的1732个县实施了营养改善计划,覆盖农村义务教育学校13.16万所,受益学生达3797.83万人。10年来,欠发达地区农村学生营养健康状况得到显著改善,身体素质明显提升。学生体质健康合格率从2012年的70.3%提高至86.7%,营养不良率、消瘦率大幅下降,身高、体重都有不同程度的增长,为青年身体素质持续提升打下良好基础。

　　心理素质自信达观。中国青年从身边做起、从小事做起,努力将牢固的理想信念、健康的价值认知、坚定的文化自信转化为良好的社会心态。虽然在就业、教育、住房、婚恋、养老等领域还面临不小压力,但在党和政府的关心关注和全社会的共同支持下,中国青年面对困难不消沉、面对压力愈坚韧,2021年有关调查显示,88.0%的受访青年认为自己可以做"情绪的主人"。对未来发展的信心斗志、对美好

生活的向往追求占据着中国青年的主流,自信达观、积极向上是中国青年的鲜明形象。

(三)知识素养不断提升

知识改变命运,教育改变人生。乘着教育事业优先发展的东风,新时代中国青年亲眼见证、亲身经历了教育事业取得的历史性成就,享受了更加公平、更高质量的教育,学习的主动性、自觉性进一步提高,科学文化素养迈上新台阶。

受教育水平大幅提升。在科教兴国、人才强国等国家战略支持下,亿万中国青年通过教育获得成长成才的机会,实现创造美好生活、彰显人生价值的愿望。2020年,新增劳动力平均受教育年限达 13.8 年,比十年前提高 1.1 年;大学专科以上在职青年占同等文化程度就业总人口比例超过 50%,比在职青年占就业总人口比例高约 20 个百分点。提高学历层次、接受高质量教育,依然是中国青年改变命运、追梦逐梦、实现人生理想的主要方式。

热爱学习渐成风尚。越来越多的青年把学习作为一种生活乐趣、一种人生追求,学习提升的社会氛围愈加浓厚。有相当数量的青年在离开校园后选择继续深造、提升学历,2020 年成人本专科在校生超过 770 万人,网络本专科在校生超过 840 万人。青年在职学习专业技能的热情空前高涨,调查显示,超过 50% 的社会青年参加过职业技能培训,工作之余"充充电"、"加加油"成为越来越多青年的共同选择。受益于网络媒体迅猛发展,数千万青年通过"慕课"(大型开放式网络课程)等方式选学课程、获取知识。

(四)社会参与积极主动

社会是青年成长发展的重要课堂。新时代中国青年以更加自信的态度、更加主动的精神,适应社会、融入社会,参与社会发展进程,展现出积极的社会参与意识和能力,成为正能量的倡导者和践行者。

有序参与政治生活。中国青年追求政治进步,积极参与全过程人民民主实践。共产主义远大理想始终激励青年砥砺前行、奋发向上,青年加入中国共产党、中国共产主义青年团的意愿持续高涨。截至 2021 年 6 月,35 岁及以下党员共 2367.9 万名,占党员总数的 24.9%。中国共产党第十八次全国代表大会以来,每年新发展党员中 35 岁及以下党员占比均超过 80%。截至 2021 年底,共青团员总数达 7371.5 万名。青年广泛参与各级人大、政协,积极履职尽责、参政议政,2019 年县级人大、政协中青年代表、委员分别占 10.9%、13.7%。青年踊跃参与各类民主选举、民主决策、民主管理、民主监督,围绕经济社会发展重大问题建言献策,针对关系青年切身利益的实际问题充分行使民主权利、广泛开展协商、努力形成共识。

积极参与社会事务。近年来,越来越多的青年热情参与公益慈善、社区服务、生态保护、文化传播、养老助残等社会事务,不仅在很多有影响力的社会组织中发挥重要作用,还组建了一批以自愿成立、自主管理、自我服务为特征的社会组织。目前,全国有 7600 多个共青团指导的县级志愿服务、文艺体育类青年社会组织,带动成立青年活动团体15万余个,基本实现县域全覆盖。中国青年充分利用这些社会参与的重要渠道,在依法承接政府职能转移、开展行业自律、满足社会公众多样化服务需求、倡导文明健康生活方式、促进政府与社会沟通等方面发挥建设性作用,展现了强烈的参与意识和社会责任感。

三、新时代中国青年勇挑 重担、堪当大任

中国特色社会主义新时代,是青年大有可为,也必将大有作为的大时代。新时代中国青年争做经济高质量发展的积极推动者、社会主义民主政治建设的积极参与者、社会主义文化繁荣兴盛的积极创造者、社会文明进步的积极实践者、美丽中国的积极建设者,在实现第二个百年奋斗目标、建设社会主义现代化强国的新征程上努力拼搏、奋勇争先。

(一)在平凡岗位上奋斗奉献

新时代中国青年坚守"永久奋斗"光荣传统,把平凡的岗位作为成就人生的舞台,用艰辛努力推动社会发展、民族振兴、人民幸福,靠自己的双手打拼一个光明的中国。

无论是传统的"工农商学兵"、"科教文卫体",还是基于"互联网+"的新业态、新领域、新职业,青年在各行各业把平凡做成了不起、把不可能变成可能,将奋斗精神印刻在

一个个普通岗位中。在工厂车间一线,青年工人苦练本领、精益求精,拧好每个螺丝、焊好每个接头,争当"青年岗位能手",让"中国制造"走向世界;在田间地头,青年农民寒耕暑耘、精耕细作,用科学技术为粮食增产、为土地增效,努力把中国人的饭碗牢牢端在自己手中;在建筑工地,青年农民工不畏辛劳、日以继夜,用一砖一瓦筑造起一座座高楼大厦,将都市装点得更加美丽;在训练场上,青年健儿刻苦训练、顽强拼搏,以过硬的作风和惊人的毅力向世界顶峰发起冲锋,让五星红旗在国际赛场高高飘扬;在城市的大街小巷,快递小哥、外卖骑手风里来、雨里去,为千家万户传递幸福与温暖,他们用勤劳和汗水生动展现了中国青年"衣食无忧而不忘艰苦、岁月静好而不丢奋斗"的整体风貌,让青春在平凡岗位的奋斗中出彩闪光。

（二）在急难险重任务中冲锋在前

新时代中国青年不畏难、不惧苦,危难之中显精神,关键时刻见真章,总能够在祖国和人民需要的时候挺身而出,自觉扛起责任,无私奉献,无畏向前,彰显青年一代应有的闯劲、锐气和担当。

在体现综合国力、弘扬民族志气的重大工程之中,在抗击重大自然灾害面前,在应对突发公共危机时刻,青年的身影始终挺立在最前沿。无论是西气东输、西电东送、南水北调、东数西算等战略工程现场,还是港珠澳大桥、北京大兴国际机场、"华龙一号"核电机组等标志性项目工地,"青年突击队"、"青年攻坚组"的旗帜处处飘扬。新冠肺炎疫情发生以来,青年不畏艰险、冲锋在前、舍生忘死,32万余支青年突击队、550余万名青年奋战在医疗救护、交通物流、项目建设等抗疫一线,为打赢疫情防控的人民战争、总体战、阻击战作出重大贡献。援鄂医疗队2.86万名护士中,"80后"、"90后"占90%。在武汉火神山、雷神山医院建设工地上,占总数达60%的青年建设者组建13支青年突击队,靠钢铁般的意志和攻坚克难的勇气,拼搏在前、奉献在前,创造了令世人惊叹的建设奇迹,用事实证明中国青年面对困难挫折撑得住、关键时刻顶得住、风险挑战扛得住。

专栏6　青年突击队

1954年,中国第一支青年突击队由18名团员青年在北京发起成立。60多年来,在党的领导下,在共青团的组织和倡导下,一批又一批青年突击队成立,在日常生产建设、创新攻关前沿、抢险救灾一线等经济社会改革发展稳定中发挥了积极作用。青年突击队成为中国社会主义建设中的一项创举以及共青团围绕中心、服务大局的重要体现。

青年突击队以企业、机关事业单位、县(市、区)、乡镇(街道)、村(社区)、高校等团组织为主组建,以共青团员为政治骨干、以青年为主体。企业青年突击队,重点围绕生产经营、工程建设、创新创效、安全生产等完成攻坚任务,坚持科学管理,弘扬工匠精神;机关事业单位青年突击队,重点聚焦政务服务、商业服务、社会服务等领域完成攻坚任务,弘扬职业文明、展示职业形象;城市青年突击队,重点面向基层社会治理领域,在文明城市创建、突发事件响应、扶危济困、矛盾纠纷化解等方面完成工作任务;农村青年突击队,重点服务乡村振兴战略实施,围绕农产品产销、种养技术推广、基础设施建设、人居环境整治等方面进行攻坚;高校青年突击队,注重发挥高校学生专业特长,围绕学校部署的有关工作、积极助力学校所在地等完成攻坚任务;其他领域青年突击队,结合突击攻坚任务的内容特点,组织相关青年群体骨干开展有针对性的工作。

随着青年突击队工作的深化开展和持续改进,共青团员的模范带头作用在"急、难、险、重、新"等任务面前更好地彰显,广大青年在经济社会发展中为国家和人民奋斗拼搏的自觉性、坚定性进一步提升。

(三)在基层一线经受磨砺

新时代中国青年把基层作为最好的课堂,把实践作为最好的老师,将个人奋斗的"小目标"融入党和国家事业的"大蓝图",将自己对中国梦的追求化作一件件身边实事,在磨砺中长才干、壮筋骨。

在农村为乡亲们排忧解难,在社区为邻里们倾心服务,在边疆为祖国巡逻戍边……越来越多的青年深入基层、投身现代化建设最需要的地方,在复杂艰苦环境中成就人生。2021年,中共中央、国务院表彰的1981名全国脱贫攻坚先进个人和1501个先进集体中,就有许多青年先进典型。1800多名同志将生命定格在了脱贫攻坚征程上,其中很多是年轻的面孔。在乡村振兴战略实施中,青年领办专业合作社、推广现代农业科技、壮大农村新产业新业态,带头移风易俗、改善农村人居环境、倡导文明乡风,带动农民增收致富,助力农村焕发新貌。截至2021年,47万名"三支一扶"人员参加基层支教、支农、支医和帮扶乡村振兴(扶贫),数百万青年学生参与"三下乡"社会实践活动,为脱贫攻坚和乡村振兴提供新助力。

(四)在创新创业中走在前列

新时代中国青年富有想象力和创造力,思想解放、开拓进取,勇于参与日益激烈的国际竞争,成为创新创业的有生力量。

受益于党和国家的好政策,在经济、社会、科技、文化等领域,青年以聪明才智贡献国家、服务人民,奋力走在创新创业创优的前列。在国家创新驱动发展战略的引领和"揭榜挂帅"、"赛马"等制度的激励推动下,一批具有国际竞争力的青年科技人才脱颖而出,在"天宫"、"蛟龙"、"天眼"、"悟空"、"墨子"、"天问"、"嫦娥"等重大科技攻关任务中担重任、挑大梁,北斗卫星团队核心人员平均年龄36岁,量子科学团队平均年龄35岁,中国天眼FAST研发团队平均年龄仅30岁。在工程技术创新一线,每年超过300万名理工科高校毕业生走出校门,为中国工程师队伍提供源源不断的有生力量,他们用扎实的学识、过硬的技术,持续创造难得的"工程师红利",有力提升了中国的发展动力和国际竞争力。在国家持续出台创业扶持政策的大背景下,青年积极投身大众创业、万众创新热潮,踊跃参加"创青春"中国青年创新创业大赛、"中国国际互联网+"大学生创新创业大赛等创业交流展示活动,用智慧才干开创自己的事业。2014年以来,在新登记注册的市场主体中,大学生创业者超过500万人。在信息技术服务业、文化体育娱乐业、科技应用服务业等以创新创意为关键竞争力的行业中,青年占比均超过50%,一大批由青年领衔的"独角兽企业"、"瞪羚企业"喷涌而出。中国青年自觉将人生追求同国家发展进步紧密结合起来,在创新创业中展现才华、服务社会。

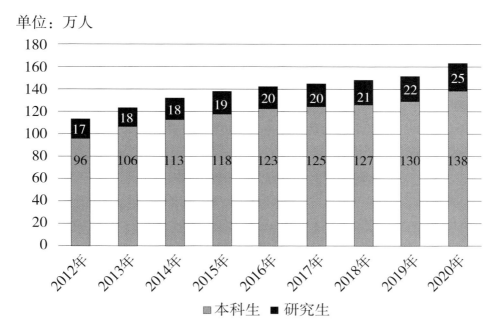

单位：万人

图 3　2012 年至 2020 年中国高等学校工科专业本科、研究生毕业生数

专栏 7　中国青年创业发展报告（2021）

2021 年 12 月,《中国青年创业发展报告（2021）》由中国青年创业就业基金会与相关研究团队联合发布。

《报告》显示,创业在中国整体蓬勃发展,不仅创业规模大、创投活跃,创业质量、创业生态也逐步向好,19 岁至 23 岁青年成为创业主体。

《报告》从创业环境、企业家精神、创业结果三个维度出发,构建了包括 17 个具体指标的中国青年创业发展指数,评选出 50 座青年创业友好型城市。结果显示,2015 年至 2020 年,中国青年创业发展指数整体由100 升至 167.5,北京、上海、广州位列 2020 年创业友好型城市前三名,一线城市、发达省会城市及东部发达地级市的创业发展指数排名居前。东部地区城市在青年创业发展排名前 50 名城市中的比例为 60%,东部经济发达地区在创业发展领域居领先地位。从创业结果看,创业活动活跃地区集中在核心城市内,长三角地区区位优势明显。江苏、上海、北京、广东等成为优质科技创新型企业的聚集地。

《报告》从创业者的基础特征、创业资金、创业驱动力、创业现状、面临困难等五个方面描绘了中国创业青年群像，并为进一步促进青年创业发展提出意见建议。

（五）在社会文明建设中引风气之先

新时代中国青年顺应社会发展潮流，适应国家治理体系和治理能力现代化要求，在社会文明建设中引领时代新风，争当正能量的倡导者、新风尚的践行者。

无论在城镇还是乡村、企业还是学校，青年都自觉把正确的道德认知、自觉的道德养成、积极的道德实践紧密结合起来，带头倡导向上向善社会风气、塑造社会文明新风尚。在城乡社区建设中，越来越多的青年投身社区治理和服务体系建设，主动参加"社区青春行动"，加强实践锻炼、提升服务贡献。在各行各业，青年秉承"敬业、协作、创优、奉献"的理念，踊跃创建"青年文明号"，大力弘扬新时代职业文明，展现新时代职业形象。广大青年运动员弘扬体育道德风尚，以良好的赛风赛纪和文明礼仪，获得竞技成绩和精神文明双丰收。1993 年"中国青年志愿者行动"启动以来，志愿服务成为青年参与社会治理、履行社会责任的一面旗帜，成为青年在奉献人民、服务社会中锻炼成长的重要途径。截至 2021 年底,全国志愿服务信息系统中 14 岁至 35 岁的注册志愿者已超过 9000 万人,他们活跃在社区建设、大型赛事、环境保护、扶贫开发、卫生健康、应急救援、文化传承等各个领域,弘扬"奉献、友爱、互助、进步"的志愿精神,在全社会形成团结互助、平等友爱、共同前进的新风尚。中国青年志愿者扶贫接力计划研究生支教团、大学生志愿服务"西部计划"连续 18 年派遣 41 万余名研究生、大学毕业生,到中西部 2100 多个县(市区旗)开展扶贫支教、卫生医疗等志愿服务。青年始终是大型赛会志愿服务的主体力量,给千家万户乃至全世界留下深刻印象。

专栏 8　青年文明号

1994 年起,共青团中央在全国启动创建青年文明号活动,近 30 年来,共开展评定表彰 20 届次,累计评选全国级青年文明号 2 万余个,各省份(行业)累计评选省级青年文明号 10 万余个,青年文明号成为精神文明建设特别是职业文明建设领域的一道绚丽风景线。

进入新时代,青年文明号活动秉承"敬业、协作、创优、奉献"的理念,面向各行业一线青年,主要在政务服务、商业服务、社会服务等"窗口"行业和单位开展,以实施科学管理、人本管理、自我管理和开展岗位创新创效创优活动为基本手段,致力于弘扬职业文明、引导岗位建功、建设先进集体、培育青年人才,是一项具有群众性、实践性、品牌性的精神文明创建活动,是广大青年为经济社会发展大局贡献智慧和力量的重要载体。

自 1993 年共青团中央发起实施"中国青年志愿者行动"以来,在社会各界大力支持下,中国青年志愿者行动在全国广泛开展,"奉献、友爱、互助、进步"的志愿精神深入人心,志愿服务组织网络日趋健全、服务领域不断拓展,志愿者队伍持续壮大,工作机制逐步完善,在服务社会、教育青年、传播文明等方面的积极作用日益增强。

截至 2021 年,全部省(区、市)和新疆生产建设兵团、95%的地市、69%的县区和 2000 多所高校建立了青年志愿者协会。研究生支教团、大学生志愿服务"西部计划"成为中国青年志愿者的亮丽品牌,700 多名海外服务的青年志愿者迈出国门播撒友谊。599 万多名青年志愿者长期结对关爱留守儿童和残疾青少年,490 多万名青年志愿者参与汶川地震、玉树地震等抗震救灾。数以百万计的青年志愿者在北京夏季和冬季奥运会、上海世博会、G20 杭州峰会等大型赛会和重要活动提供细致周到的志愿服务。

四、新时代中国青年胸怀世界、展现担当

　　青年是国家的未来,也是世界的未来。新时代中国青年既有家国情怀,也有人类关怀,秉承中华文化崇尚的四海一家、天下为公理念,积极学习借鉴各国有益经验和文明成果,与世界各国青年共同推动构建人类命运共同体,共同弘扬和平、发展、公平、正义、民主、自由的全人类共同价值,携手创造人类更加美好的未来。

(一)更加开放自信地融入世界

　　随着中国对外开放的大门越开越大,新时代中国青年以前所未有的深度和广度认识世界、融入世界,在对外交流合作中更加理性包容、自信自强。

　　"走出去"的道路越来越宽。通过留学、务工、旅游、考察等方式,中国青年以极大的热情和包容的心态,全方位、深层次了解世界、融入世界、拥抱世界,学习借鉴其他国家

的有益经验和文明成果。出国留学是中国青年了解世界的重要途径。1978 年,中国选派出国留学人员仅 800 余名;2019 年,超过 70 万人出国深造,40 多年来各类出国留学人员累计超过 650 万人;1978 年回国留学人员仅 248 人,2019 年超过 58 万人学成回国,40 多年来回国留学人员累计达 420 余万人。与此同时,大批中国青年通过旅游、考察、商务、劳务等方式走出国门、感知世界,2019 年国内居民出境达 1.7 亿人次,中国青年认识世界的渠道更加广阔、国际视野不断拓展。

表 1　1978 年至 2019 年中国出国留学人员、学成回国留学人员发展情况

年份	出国留学人员数（人）	学成回国留学人员数（人）
1978	860	248
1980	2124	1223
1985	7144	3880
1990	19352	2099
1995	21934	5090
2000	38989	9121
2005	118515	34987
2010	284700	134800
2015	523700	409100

年份	出国留学人员数（人）	学成回国留学人员数（人）
2016	544500	432500
2017	608400	480900
2018	662100	519400
2019	703500	580300

沟通合作的"朋友圈"越来越大。在各种国际舞台上，中国青年讲述中国故事、参与全球青年事务治理，在双多边框架下积极交流互动、促进合作共赢。中国青年参与双边交流机制更加广泛深入，与各有关国家青年走得越来越近、友谊越来越深。在"中国青年全球伙伴行动"框架下，中国与100多个国际组织及外国政府青年机构、政党和非政府青年组织建立交流合作关系。在中俄、中美、中欧、中印、中日等中外人文交流机制框架下，中国青年在教育、科学、文化、艺术、体育、媒体等领域对外互动合作活跃。中国青年不仅与周边国家和广大发展中国家青年伙伴开展亮点纷呈的人文交流，还通过创新创业、经贸往来、技术交流等方式实现互惠互利。中国青年更加主动地加入国际组织、参加国际会议、参与全球治理，树立了更加亮丽的国际形象。在联合国和其他国际组织中，数百名中国青年为世界和平与

发展事业付出辛劳、作出贡献;在联合国青年论坛、联合国教科文组织青年会议和相关多边机制框架下,在亚洲青年理事会等国际性青年组织中,中国青年更加自信地发出中国声音、阐述中国观点,成为沟通中外友好的青年使者。

(二)展现构建人类命运共同体的青春担当

新时代中国青年深刻地认识到,每个民族、每个国家的前途命运都紧紧联系在一起,应该风雨同舟、守望相助,努力把共同的地球家园建成一个命运与共的大家庭。

在心与心的交流对话中汇聚青春共识。中国青年积极倡导、努力践行构建人类命运共同体理念,围绕脱贫减贫、气候变化、抗疫合作等主题,征集世界各国青年故事、传播世界各国青年声音、凝聚世界各国青年共识。2020 年,在联合国有关机构、世界卫生组织共同举办的应对新冠肺炎疫情网络会议上,中国青年代表向全世界介绍参与抗疫志愿服务的感人故事、分享科学应对疫情的经验做法。在上海合作组织、金砖国家、G20 等国际机制青年领域合作文件的制定过程中,中国青年积极贡献智慧、提出主张,为保障世界各国青年的生存权、发展权、受保护权、参与权贡献智慧。在 2022 年北京冬奥会、冬残奥会上,各国青年运动员和青年志愿者,超越语言的障碍、文化的差异,用笑容播撒温暖、用拥抱传递友谊、用心灵汇聚力量,共同搭建起"一起向未来"的桥梁,以青春特有的方式向全世界传递了构建人类命运共同体的理念。

专栏10　国际青年发展指数报告2021

2021年12月,中国青少年研究中心、中国国际青年交流中心、清华大学青少年德育研究中心、北京大学中国国情研究中心联合课题组发布《国际青年发展指数报告2021》,通过多维度、多层次的评估,立体综合呈现各国青年发展现状、特点、趋势和存在问题,促进各国青年发展交流互鉴。

《报告》共选取85个国家进行测算。从总体排名看,新加坡、挪威、比利时排前三位;从地域分布看,前十名中有4个亚洲国家、5个欧洲国家、1个大洋洲国家;从发展程度看,前十名中有8个发达国家、2个发展中国家。

《报告》显示,中国总体排名处于前30%(第23位),高于人均GDP和人类发展指数(HDI)的世界排名。在"公共参与"和"健康与生活"一级指标中,中国排名均处于前15%(第9、12位),高于总体排名和不少发达国家排名。这一结果充分展现了中国青年发展取得的巨大成就。

在手拉手的并肩前行中绘就美好图景。推动构建人类命运共同体,中国青年铭于心,更笃于行。中国青年积极投身"一带一路"建设,践行共商共建共享理念。几十万名海外中资机构青年员工在异国他乡辛勤工作,为当地经济社会发展作出贡献;开展志愿服务、慈善捐赠、文化交流,增进与所在国青年之间的友谊与合作。以青年为主体的国际中

文教师志愿者在 100 多个国家服务,帮助各国青年学习中华文化。"中国青年志愿者海外服务计划"累计派出超过700 名青年志愿者,在亚洲、非洲、拉丁美洲的 20 多个国家,开展医疗卫生、农业技术、土木工程、工业技术、经济管理、社会发展等方面服务。中国军队青年官兵积极参加联合国维和行动,胸怀人间大爱,恪守维和使命责任,秉持人道主义精神,为世界和平与发展注入更多正能量。截至2020 年,4 万余人次中国军人为和平出征,16 名中国军人在维和行动中牺牲、平均年龄不到 30 岁。中国青年用行动向世人证明,只要世界各国人民同心同向、携手共进,人类命运共同体的前景必将更加美好。

(三)中国青年的全球行动倡议

人类已经进入互联互通的新时代,各国利益休戚相关、命运紧密相连。当今世界面临越来越突出的治理赤字、信任赤字、和平赤字、发展赤字,混乱、撕裂、不公愈演愈烈。百年变局和世纪疫情叠加,给世界经济发展和民生改善带来严重挑战。和平还是战争,光明还是黑暗,人类在进步和倒退的十字路口面临着重要抉择。时代呼唤全世界青年团结一心,加强彼此了解、相互取长补短,用欣赏、互鉴、共享

的观点看待世界,携手构建人类命运共同体。为此,中国青年向全世界青年倡议:

——坚持向美向上向善的价值追求。立正心、明大德、行大道,崇德向善、追求美好,热爱生活、奉献社会,在一点一滴中弘扬真善美、传播正能量。

——展现朝气蓬勃的精神风貌。自信自强、昂扬向上,不断自我提升、自我超越,努力做最好的自己,实现青春梦想和人生价值。倡导健康生活,锻炼强健体魄,涵养阳光心态,保持青春活力。

——为国家发展进步奋斗担当。以主人翁的姿态,刻苦学习本领、发挥聪明才智、大胆创新创造,始终保持拼搏向上、奋斗进取的精神,始终走在时代最前列,担负起国家发展进步的历史责任。

——为世界和平发展贡献智慧力量。胸怀世界、胸怀未来,秉持全人类共同价值,顺应时代潮流和历史大势,站在历史正确的一边、人类进步的一边,维护世界和平,促进共同发展,弘扬公平正义,捍卫民主自由,为建设繁荣美好的世界作出积极贡献。

中国青年真诚希望世界和平稳定、发展繁荣,真诚希望每个国家和地区都能为青年发展提供良好条件,真诚希望全世界青年能够携起手来,为建设一个持久和平、普遍安全、共同繁荣、开放包容、清洁美丽的世界贡献智慧力量、展现青春担当。

结　束　语

青年一代有理想、有本领、有担当,国家就有前途,民族就有希望。中国的未来属于青年,世界的未来也属于青年。

未来的中国青年,必将"以青春之我,创建青春之家庭,青春之国家,青春之民族,青春之人类,青春之地球,青春之宇宙",在实现民族复兴的伟大实践中放飞青春梦想。

未来的中国,必将在一代又一代青年的接续奋斗中,实现物质文明、政治文明、精神文明、社会文明、生态文明的全面提升。中国人民将享有更加幸福安康的生活,中华民族将以更加昂扬的姿态屹立于世界民族之林,伟大的中国梦一定能够变成现实。

未来的世界,关系到每一名青年的前途命运,更取决于每一名青年的拼搏奋斗。只要各国青年团结起来、同向同行,坚持平等协商、开放创新、同舟共济、坚守正义,就一定能远离战火硝烟、倾轧斗争,真正建设一个和平发展、亲如一家的"地球村",共同开创共赢共享、发展繁荣、健康安全、互尊互鉴的美好未来，实现全人类的共同梦想。

中国青年愿同世界各国青年一道，为推动构建人类命运共同体、建设更加美好的世界贡献智慧和力量。